José Manuel Vega Báez

I0427503

Liderazgo
de Equipos de
ALTO
DESEMPEÑO

SERIE CIMA
Smart Business
KNOWLEDGE

Liderazgo de Equipos de Alto Desempeño
Primera edición: Febrero de 2024

D.R. José Manuel Vega Báez
@jmvegabaez en redes sociales
Ciudad de México
www.seriecima.com
info@seriecima.com
Imágenes: freepik.com

SERIE CIMA
Smart Business
KNOWLEDGE

Smart Business Knowledge es una colección de libros cortos que contienen una síntesis de temas relacionados al liderazgo, la gestión y el emprendimiento, que han apoyado mi práctica profesional y de los que he impartido cursos y conferencias a lo largo de varias décadas.

Esta colección está dirigida a todas las personas interesadas en el conocimiento ágil y preciso de tópicos relevantes en el campo de los negocios: estudiantes de licenciatura y de maestría, emprendedores y empresarios, ejecutivos y directivos de organizaciones privadas, etcétera.

Espero sinceramente que en esta época en la que con unos cuantos clics podemos obtener una enorme cantidad de información, los libros de esta colección te brinden la calidad, la claridad y la confianza que requieres para el mejor desempeño de tu actividad en el mundo de los negocios.

¡Ánimo y ACCIÓN!

José Manuel Vega Báez
@jmvegabaez en redes sociales

Índice

Introducción **7**

Equipos de Alto Desempeño (EAD) **13**

El Líder de un **EAD 29**

La Construcción de un **EAD 47**

El Manejo de Expectativas en un **EAD 63**

La Comunicación en un **EAD 81**

La Colaboración en un **EAD 97**

La Resolución de Conflictos en un **EAD 115**

Sobre el Autor **133**

SERIE CIMA
Smart Business
KNOWLEDGE

Introducción

SERIE CIMA
Smart Business
KNOWLEDGE

José Manuel Vega Báez

En el mundo dinámico y competitivo de hoy, el liderazgo efectivo es un ingrediente esencial para el éxito de cualquier organización. Esta obra tiene el objetivo de explorar y comprender mejor las complejidades y desafíos del liderazgo en equipos de alto desempeño.

En su esencia, un líder es la persona que guía a una colectividad en la conquista de un sueño compartido. Este sueño puede ser la realización de un proyecto innovador, la consecución de metas empresariales ambiciosas o la creación de un ambiente de trabajo colaborativo y enriquecedor. El liderazgo, por otro lado, es el proceso que lleva a cabo un líder para cumplir con su labor. A través de la inspiración, la dirección y la motivación, los líderes desempeñan un papel crucial en la conducción de sus equipos hacia el éxito.

En este libro, nos sumergimos en el fascinante mundo del liderazgo de equipos de alto desempeño, explorando las características distintivas de estos equipos excepcionales y proporcionando herramientas prácticas para que fortalezcas y desarrolles tus habilidades de liderazgo. Cada capítulo aborda un aspecto fundamental del liderazgo de equipos de alto desempeño, desde la comprensión de qué es un equipo de alto desempeño hasta la resolución constructiva de conflictos. A través de ejemplos empresariales inspiradores y consejos prácticos, esta obra ofrece las perspectivas necesarias para liderar con éxito equipos hacia la excelencia.

Además de explorar a fondo los aspectos del liderazgo de equipos de alto desempeño, cada capítulo de este libro incluye una experiencia interactiva, a través de un cuestionario diagnóstico que te permitirá evaluar tu comprensión y práctica actual en el tema abordado. Estos cuestionarios están diseñados para ayudarte a reflexionar sobre tus propias habilidades de liderazgo y comprender mejor en qué áreas puedes mejorar. A través de preguntas clave, podrás evaluar tu desempeño actual e identificar áreas de fortaleza y oportunidad

José Manuel Vega Báez

para el crecimiento. Este enfoque práctico te brindará una visión clara de tu progreso y te ayudará a establecer cursos de acción específicos para convertirte en un líder más efectivo.

Recomiendo este libro como una breve, pero completa guía para líderes en todos los niveles de una organización que buscan mejorar su capacidad de liderazgo y maximizar el rendimiento de sus equipos. Ya se trate de líderes experimentados en busca de nuevas ideas o de recién llegados al mundo del liderazgo, todos los interesados en el tema encontrarán inspiración y orientación en estas páginas mientras exploran el apasionante mundo del liderazgo de equipos de alto desempeño.

José Manuel Vega Báez

Equipos de Alto Desempeño

SERIE CIMA
Smart Business
KNOWLEDGE

José Manuel Vega Báez

¿Qué es un equipo de alto desempeño?

La esencia de un equipo de alto desempeño radica en su capacidad para superar expectativas y alcanzar niveles excepcionales de rendimiento. Pero ¿qué hace exactamente que un equipo sea de alto desempeño? Imagina un grupo de individuos que, al unirse, forman algo más grande que la suma de sus partes. Eso es lo que distingue a un equipo de alto desempeño. No es simplemente un conjunto de personas trabajando juntas, sino una sinfonía coordinada que busca la excelencia en cada nota y que tiene las siguientes características.

1. En un equipo de alto desempeño, la comunicación es el lenguaje que une a todos. La información fluye de manera abierta y eficiente, evitando malentendidos y fomentando la colaboración. Por ejemplo, en una empresa de tecnología, el equipo de desarrollo utiliza plataformas de comunicación colaborativa en línea para compartir actualizaciones en tiempo real sobre el progreso del proyecto. La información fluye de manera transparente, evitando malentendidos y permitiendo una colaboración eficiente.

2. La confianza es el pegamento que une a los miembros del equipo. Cada integrante confía en las habilidades y aportes de los demás, creando un entorno donde la toma de riesgos es bienvenida. Por ejemplo, en una firma de consultoría, los miembros del equipo confían en las habilidades especializadas de cada uno. Un consultor confía en que su colega tiene experiencia en una determinada área, lo que crea un ambiente donde

José Manuel Vega Báez

la toma de riesgos en la toma de decisiones es bienvenida.

3. Un equipo de alto desempeño comparte una visión clara y metas específicas. Cada miembro entiende su papel y cómo contribuye al logro de los objetivos generales. Por ejemplo, en una empresa de marketing, cada miembro del equipo entiende claramente la visión de crear campañas innovadoras. Cada empleado sabe cómo su contribución específica se alinea con los objetivos generales de la empresa, lo que mantiene a todos enfocados en metas comunes.

4. Los equipos de alto desempeño no se desmoronan ante la adversidad; más bien, la enfrentan como un desafío conjunto. La resiliencia es una virtud que impulsa el crecimiento y la superación de obstáculos. Por ejemplo, durante una crisis financiera, un equipo de gestión en una institución financiera se enfrenta a desafíos económicos. En lugar de desmoronarse, el equipo trabaja conjuntamente para desarrollar estrategias de recuperación y superar los obstáculos económicos.

5. La diversidad no es solo un lema, sino una fuerza motriz. En un equipo de alto desempeño, la

diversidad de habilidades, experiencias y perspectivas se utiliza como un activo, no como un obstáculo. Por ejemplo, en una empresa de diseño, la diversidad de habilidades y perspectivas en el equipo de creativos se considera un activo. La variedad de enfoques enriquece la creatividad y permite la generación de soluciones innovadoras para los clientes.

6. En equipo de alto desempeño logra resultados sobresalientes en un tiempo razonable, gracias a la coordinación, el enfoque en los resultados y la optimización de recursos. Por ejemplo, en una empresa de desarrollo de software, un equipo de ingenieros trabaja en un proyecto para lanzar una nueva aplicación móvil. Gracias a una comunicación efectiva y una distribución clara de roles, el equipo logra desarrollar la aplicación antes de lo previsto, cumpliendo con todos los requisitos y sin sacrificar la calidad. Esto se traduce en una alta productividad y eficiencia, ya que el equipo pudo entregar el producto final en un plazo más corto de lo esperado.

7. Finalmente, en un equipo de alto desempeño existe un compromiso compartido con

José Manuel Vega Báez

el aprendizaje y el crecimiento tanto a nivel individual como colectivo, lo que impulsa la mejora continua y la excelencia en el desempeño del equipo. Por ejemplo, en una firma de consultoría, se establece un programa de mentoría interna donde los miembros más experimentados del equipo ofrecen orientación y consejos a los más jóvenes. Este enfoque promueve el desarrollo continuo, ya que los empleados tienen la oportunidad de aprender unos de otros, adquirir nuevas habilidades y mantenerse al día con las últimas tendencias y prácticas de la industria. Como resultado, el equipo mejora constantemente su rendimiento y se mantiene competitivo en el mercado.

Piensa en un equipo de fútbol que trabaja en armonía para lograr una victoria. Cada jugador tiene un papel específico, se comunican entre sí, confían en las habilidades del equipo, tienen un objetivo común, superan los desafíos del juego y aprovechan la diversidad de habilidades para destacar. En el mundo empresarial, un equipo de alto desempeño opera de manera similar. Todos son jugadores clave, contribuyendo a la victoria colectiva de la empresa. Entonces, un equipo de alto desempeño va más allá de cumplir con tareas: es una entidad dinámica que busca la excelencia y alcanza metas extraordinarias.

¿Cuáles son los Beneficios de un Equipo de Alto Desempeño?

El trabajo en equipo es una de las competencias más valoradas en el mundo laboral. Sin embargo, no todos los equipos son iguales. Existen equipos que se destacan por su rendimiento, su creatividad, su satisfacción y su adaptabilidad. Estos son los equipos de alto desempeño, y son el sueño de cualquier líder. ¿Qué los hace tan especiales? ¿Qué beneficios aportan a la organización y a sus miembros? En este apartado, vamos a explorar las ventajas de contar con un equipo de alto desempeño.

José Manuel Vega Báez

1. Imagina un equipo donde cada miembro está sincronizado como engranajes de un reloj bien aceitado. La productividad fluye naturalmente, y las tareas se realizan de manera eficiente. Los equipos de alto desempeño tienen la capacidad de lograr más en menos tiempo gracias a su coordinación y enfoque en los resultados. Por ejemplo, en una empresa de logística, un equipo de almacén implementa un sistema de gestión eficiente que permite la sincronización perfecta de las operaciones. Cada miembro cumple su papel como engranaje, logrando un aumento significativo en la productividad y una ejecución eficiente de las tareas diarias.

2. La diversidad de perspectivas y habilidades en un equipo de alto desempeño se convierte en un caldo de cultivo para la innovación. Cuando los miembros se sienten libres de expresar sus ideas, se desatan soluciones creativas que podrían no haber surgido en un entorno menos colaborativo. Por ejemplo, en una agencia de publicidad, un equipo

creativo diverso se reúne para desarrollar una campaña para un cliente importante. La libertad para expresar ideas resulta en soluciones publicitarias innovadoras que capturan la atención del mercado de manera única.

3. La confianza y la cooperación dentro de un equipo de alto desempeño crean un ambiente positivo y motivador. Los logros se celebran, los desafíos se enfrentan juntos, y cada miembro se siente parte fundamental del éxito colectivo. Este entorno fomenta la satisfacción laboral y el compromiso. Por ejemplo, en una empresa tecnológica, un equipo de desarrollo celebra cada hito alcanzado en la creación de un nuevo software. La confianza y la cooperación generan un ambiente positivo, donde los logros se destacan, los desafíos se abordan juntos, y cada miembro se siente esencial para el éxito del proyecto.

4. En un equipo bien cohesionado, los problemas se perciben como desafíos que pueden superarse mediante la colaboración. La capacidad de abordar y resolver problemas de manera conjunta y eficaz es una característica distintiva de los equipos de alto desempeño. Por ejemplo, en una firma de consultoría, un equipo

multidisciplinario aborda un problema complejo que enfrenta un cliente. La colaboración entre expertos de diferentes áreas permite una resolución rápida y efectiva del desafío, destacando la capacidad del equipo para trabajar de manera conjunta.

5. La sinergia en un equipo de alto desempeño propicia un constante intercambio de conocimientos y habilidades. Los miembros tienen la oportunidad de aprender unos de otros, desarrollando así sus habilidades profesionales y también creciendo a nivel personal. Por ejemplo, en una empresa de desarrollo de software, el equipo participa en sesiones regulares de intercambio de conocimientos y habilidades. La sinergia entre programadores junior y senior propicia un constante aprendizaje, no solo mejorando las habilidades profesionales, sino también promoviendo el crecimiento personal de cada miembro.

6. Cuando los miembros se sienten valorados, escuchados y parte integral de un equipo exitoso, la tendencia a abandonar el barco disminuye significativamente. Los equipos de alto desempeño tienden a experimentar una menor rotación de

personal, lo que a su vez ahorra costos y mantiene la coherencia. Por ejemplo, en una compañía de servicios financieros, el liderazgo enfocado en valorar y reconocer a los empleados contribuye a una cultura donde los miembros se sienten parte esencial del equipo. La menor rotación de personal refleja la satisfacción y el sentido de pertenencia que experimentan los empleados.

7. La agilidad es clave en el mundo actual. Los equipos de alto desempeño tienen la capacidad de adaptarse rápidamente a los cambios del entorno, manteniendo un rumbo firme incluso en aguas turbulentas. Por ejemplo, en una start-up tecnológica, un equipo ágil se adapta rápidamente a cambios en el mercado. La capacidad para ajustar estrategias y enfoques permite a la empresa mantenerse competitiva incluso en un entorno empresarial en constante evolución.

Como hemos visto, los equipos de alto desempeño son una fuente de valor para la organización y para sus integrantes. Estos beneficios no son fruto de la casualidad, sino de un trabajo consciente y sistemático de liderazgo, comunicación, colaboración y retroalimentación. Por eso, si queremos formar parte de un equipo de alto desempeño, o si queremos liderar uno, debemos esforzarnos por cultivar estas prácticas y actitudes que nos permitirán alcanzar el máximo potencial de nuestro equipo.

¿Es tu Equipo de Alto Desempeño?

Descubre la estado actual y el potencial de tu equipo con este cuestionario. Responde con sinceridad y obtén una visión clara sobre si tu equipo está en camino hacia el alto desempeño.

1. ¿Existe una comunicación abierta y efectiva entre todos los miembros del equipo? (Sí / No)

2. ¿Confían los miembros del equipo en las habilidades y contribuciones de sus colegas? (Sí / No)

3. ¿Todos los miembros del equipo comprenden claramente los objetivos comunes y su papel en su consecución? (Sí / No)

4. ¿El equipo demuestra resiliencia y se enfrenta a los desafíos como una unidad? (Sí / No)

5. ¿Se fomenta la diversidad de habilidades y perspectivas en el equipo? (Sí / No)

6. ¿La productividad del equipo es notable, logrando más en menos tiempo? (Sí / No)

7. ¿Se celebra y reconoce regularmente el éxito del equipo? (Sí / No)

8. ¿El equipo es capaz de abordar y resolver problemas de manera rápida y efectiva? (Sí / No)

9. ¿Los miembros del equipo experimentan un ambiente laboral positivo y motivador? (Sí / No)

José Manuel Vega Báez

10. ¿El equipo demuestra una adaptabilidad natural ante los cambios en el entorno laboral? (Sí / No)

Resultados

8-10 Sí: ¡Felicidades! Tu equipo parece estar en la senda del alto desempeño. Asegúrate de mantener y fortalecer estas características.

5-7 Sí: Tu equipo tiene buenas bases, pero hay áreas que podrían mejorarse. Identifica las oportunidades y trabaja en ellas para impulsar el rendimiento.

0-4 Sí: Hay espacio para mejoras en tu equipo. Identifica las áreas de mayor necesidad y comienza a implementar cambios para avanzar hacia el alto desempeño.

Este cuestionario te proporciona una visión sobre el estado actual de tu equipo. No olvides que siempre hay oportunidades para crecer y mejorar. En los próximos capítulos, exploraremos estrategias específicas para potenciar cada aspecto del liderazgo de equipos de alto desempeño.

José Manuel Vega Báez

El Líder de un Equipo de Alto Desempeño

SERIE CIMA
Smart Business
KNOWLEDGE

José Manuel Vega Báez

¿Cuáles son las habilidades del líder de un equipo de alto desempeño?

En el fascinante mundo del liderazgo de equipos de alto desempeño, el líder juega un papel fundamental. Líder es la persona que guía a una colectividad en la conquista de un sueño compartido. Más allá de ser una figura de autoridad, el líder es el arquitecto que moldea la sinfonía de talentos individuales en una melodía colectiva de éxito. Para desempeñar este papel con maestría, el líder debe poseer habilidades específicas que nutran la productividad, la motivación y la cohesión del equipo.

1. Un líder efectivo en equipos de alto desempeño es un comunicador excepcional. La capacidad de transmitir ideas de manera clara y motivadora, así como de escuchar activamente a los miembros del equipo, es crucial. La comunicación transparente establece el tono para la colaboración y la comprensión mutua. Por ejemplo, el gerente de un equipo de ventas de una empresa de tecnología tiene una reunión con su equipo para discutir los objetivos de ventas del trimestre. El gerente comienza la reunión explicando claramente los objetivos y cómo se medirá el éxito. Luego, abre un espacio para que los miembros del equipo hagan preguntas y compartan sus ideas. Al final de la reunión, todos los miembros del equipo tienen una comprensión clara de los objetivos y cómo contribuir al éxito.

2. El líder no solo guía en el presente, sino que también traza el camino hacia el futuro. La visión estratégica implica entender los objetivos a largo plazo del equipo y articular un camino claro

José Manuel Vega Báez

para alcanzarlos. Esto inspira a los miembros a comprometerse con un propósito compartido. Por ejemplo, la directora ejecutiva de una empresa de fabricación tiene una visión clara de cómo la empresa puede convertirse en líder del mercado en su sector. La directora ejecutiva comparte su visión con el equipo directivo y los anima a desarrollar planes para alcanzarla. La visión de la directora ejecutiva proporciona una dirección clara para el equipo y ayuda a mantener a todos enfocados en el objetivo.

3. Entender las necesidades y aspiraciones individuales de los miembros del equipo es esencial. Un líder empático comprende las fortalezas y desafíos de cada persona, fomentando así un ambiente donde la motivación crece de manera natural. La empatía construye puentes entre el líder y el equipo. Por ejemplo, una gerente de recursos humanos de una empresa de servicios financieros se reúne con un miembro del equipo que está teniendo dificultades para adaptarse a un nuevo puesto. La gerente escucha atentamente las preocupaciones del miembro del equipo y le ofrece apoyo y aliento. La gerente también trabaja con el miembro del equipo para desarrollar un plan para

superar los desafíos. La empatía y la habilidad para motivar de la gerente ayudan al miembro del equipo a superar las dificultades y tener éxito en su nuevo puesto.

4. En el rápido ritmo del entorno laboral, un líder debe tomar decisiones con confianza y asertividad. La capacidad para evaluar situaciones, asumir riesgos calculados y tomar decisiones informadas contribuye a la dirección coherente y al progreso continuo del equipo. Por ejemplo, el gerente de un equipo de desarrollo de software tiene que tomar una decisión importante sobre el futuro de un proyecto. El gerente considera cuidadosamente todas las opciones y toma una decisión que cree que es la mejor para el equipo y el proyecto. La decisión del gerente es asertiva y se basa en una evaluación objetiva de la situación.

5. El líder de un equipo de alto desempeño no busca solo el éxito individual, sino el crecimiento colectivo. La habilidad para desarrollar las habilidades de los miembros del equipo y delegar responsabilidades de manera equitativa fortalece la capacidad global del equipo y fomenta una cultura de aprendizaje continuo. Por ejemplo, un entrenador de un equipo de fútbol profesional

proporciona a sus jugadores oportunidades de aprendizaje y crecimiento. El entrenador ofrece retroalimentación constante y ayuda a los jugadores a desarrollar sus habilidades. El entrenador también delega responsabilidades a los jugadores para que puedan aprender y crecer. La habilidad del entrenador para desarrollar y delegar ayuda a los jugadores a alcanzar su máximo potencial.

6. Donde hay personas, hay diversidad de opiniones y, a veces, conflictos. El líder hábil en equipos de alto desempeño aborda los desacuerdos de manera constructiva, fomentando la resolución y aprendizaje en lugar de la discordia persistente. La gestión de conflictos fortalece la cohesión y la capacidad de trabajo conjunto. Por ejemplo, dos miembros de un equipo de marketing tienen una disputa sobre la mejor manera de abordar una campaña publicitaria. El gerente del equipo interviene para ayudar a resolver el conflicto. El gerente escucha a ambas partes y ayuda a encontrar una solución que satisfaga a todos. La habilidad del gerente para gestionar conflictos ayuda a mantener el equipo unido y enfocado en el objetivo.

7. Enfrentar desafíos es inevitable, pero la actitud del líder determina cómo el equipo los supera. La resiliencia y el optimismo son cualidades contagiosas que inspiran al equipo a perseverar en momentos difíciles, manteniendo la moral alta y el enfoque en los objetivos a largo plazo. Por ejemplo, una empresa de tecnología se enfrenta a un desafío importante. El equipo directivo de la empresa permanece positivo y resiliente a pesar de las dificultades. El equipo directivo trabaja duro para encontrar soluciones al desafío y mantiene al equipo enfocado en el objetivo. La resiliencia y el optimismo del equipo directivo ayudan a la empresa a superar el desafío.

El líder de un equipo de alto desempeño es el catalizador que transforma un grupo de individuos en un conjunto armonioso y eficiente. Las habilidades de liderazgo son esenciales para el éxito de un equipo de alto desempeño. Los líderes que poseen estas habilidades pueden crear un ambiente

José Manuel Vega Báez

de trabajo positivo y motivador, ayudar a los miembros del equipo a alcanzar su máximo potencial y guiar al equipo hacia el éxito.

¿Cuáles son los estilos de liderazgo efectivos para equipos de alto desempeño?

En la sinfonía del liderazgo, el estilo de liderazgo que elijas puede ser la melodía que guía a tu equipo hacia el éxito. No hay un enfoque único que sirva para todos; más bien, la adaptabilidad es clave. Descubramos juntos los estilos de liderazgo efectivos para cultivar equipos de alto desempeño.

1. El líder transformacional inspira a su equipo a alcanzar cotas más altas, estimulando la creatividad y la innovación. Se enfoca en el desarrollo personal y profesional de los miembros, creando un ambiente donde cada logro es una celebración

colectiva. Por ejemplo, en una empresa tecnológica, el CEO adopta un liderazgo transformacional al comunicar una visión audaz del futuro. Inspirados por esta visión, los equipos de desarrollo trabajan con entusiasmo para crear soluciones innovadoras, elevando tanto su desempeño individual como el del conjunto.

2. En el liderazgo democrático, se valora la participación activa de los miembros del equipo en la toma de decisiones. Este enfoque fomenta un sentido de propiedad y responsabilidad, contribuyendo a un equipo comprometido y motivado. Por ejemplo, en una agencia creativa, el líder adopta un enfoque democrático al involucrar al equipo en la toma de decisiones sobre proyectos clave. La participación activa genera un sentido de pertenencia, y las decisiones colectivas reflejan la diversidad de ideas y perspectivas.

3. El líder situacional adapta su estilo según las circunstancias y las necesidades del equipo. Puede alternar entre ser un guía, un mentor o un facilitador, según lo que sea más beneficioso para el progreso del equipo en un momento dado. Por ejemplo, en una empresa de consultoría, el líder situacional ajusta su enfoque según las necesidades

del proyecto. Puede ofrecer orientación detallada en momentos críticos y dar más libertad creativa en etapas donde la innovación es crucial, adaptándose a las circunstancias para maximizar el desempeño del equipo.

4. El liderazgo inspirador se centra en la comunicación efectiva y la conexión emocional. El líder inspirador utiliza narrativas poderosas, valores compartidos y metas emocionantes para motivar al equipo. Cada miembro se siente parte de una historia más grande. Por ejemplo, en una start-up de impacto social, el líder utiliza un enfoque inspirador al contar historias poderosas sobre cómo el trabajo del equipo está haciendo una diferencia significativa en la sociedad. Esta narrativa emocionante conecta a los miembros con un propósito más grande, impulsando su dedicación y pasión.

5. En el liderazgo de servicio, el líder se coloca en un papel de apoyo, enfocado en satisfacer las necesidades del equipo. Al poner las necesidades de los demás primero, se construye un ambiente donde la confianza y la colaboración prosperan. Por ejemplo, en una empresa de atención al cliente, el líder de servicio se preocupa por las necesidades

del equipo y está dispuesto a apoyar en cualquier momento. Al poner a los empleados primero, se crea un ambiente propicio para el alto rendimiento.

6. El líder transaccional establece acuerdos claros y utiliza recompensas y consecuencias para motivar al equipo. Este estilo es efectivo para tareas específicas y metas a corto plazo, pero se debe equilibrar con enfoques más inspiradores para el crecimiento sostenible a largo plazo. Por ejemplo, en una compañía de ventas, el líder transaccional establece metas claras y ofrece incentivos a los empleados por alcanzar ciertos objetivos de ventas. Este enfoque transaccional proporciona estructura y recompensas tangibles, motivando a los miembros del equipo a lograr resultados específicos.

7. El líder coach se concentra en el desarrollo individual de los miembros del equipo, proporcionando orientación y apoyo. Este enfoque fomenta el aprendizaje continuo, promoviendo la mejora personal y profesional. Por ejemplo, en una firma de desarrollo de software, el líder adopta un estilo de liderazgo coaching al proporcionar retroalimentación constante y oportunidades de aprendizaje. Este enfoque fomenta el desarrollo

José Manuel Vega Báez

profesional de los miembros del equipo, mejorando sus habilidades y contribuyendo al éxito general del grupo.

Como podemos observar, cada estilo de liderazgo tiene sus fortalezas y es más efectivo en ciertos contextos. Al entender y aplicar estos estilos de manera flexible, los líderes pueden adaptarse a las necesidades cambiantes de sus equipos. Los estilos de liderazgo más efectivos para equipos de alto desempeño son aquellos que: inspiran y motivan a los miembros del equipo a alcanzar su máximo potencial, favorecen la participación y la colaboración de los miembros del equipo y se adaptan a las necesidades específicas de la situación.

¿Tu liderazgo es adecuado para un equipo de alto desempeño?

Descubre la efectividad de tu liderazgo, crucial para llevar a tu equipo hacia el alto desempeño. Responde sinceramente marcando "Sí" o "No".

1. ¿Fomentas una comunicación abierta y transparente en tu equipo? (Sí / No)

2. ¿Inspiras a tu equipo hacia metas más ambiciosas como parte de tu estilo de liderazgo? (Sí / No)

3. ¿Adaptas tu enfoque de liderazgo según las necesidades específicas de tu equipo y proyectos? (Sí / No)

4. ¿Compartes una visión clara y metas específicas con tus colaboradores? (Sí / No)

5. ¿Has cultivado un ambiente donde la diversidad de habilidades y perspectivas es valorada? (Sí / No)

José Manuel Vega Báez

6. ¿Tu equipo muestra resiliencia y enfrenta los desafíos como oportunidades de crecimiento conjunto? (Sí / No)

7. ¿Fomentas un entorno de confianza donde la toma de riesgos es bienvenida? (Sí / No)

8. ¿Te preocupas activamente por el desarrollo profesional y personal de los miembros de tu equipo? (Sí / No)

9. ¿Abordas los conflictos de manera constructiva, transformándolos en oportunidades de aprendizaje? (Sí / No)

10. ¿Tu liderazgo ha contribuido a una menor rotación de personal en tu equipo? (Sí / No)

Resultados

8-10 Sí: ¡Felicidades! Un puntaje en esta escala sugiere que tu liderazgo está bien alineado con las características de un equipo de alto desempeño. Continúa cultivando tus fortalezas, mantén una comunicación abierta y sigue inspirando a tu equipo hacia el éxito. Busca maneras de elevar constantemente tu liderazgo para enfrentar nuevos desafíos.

5-7 Sí: Con un puntaje en este rango, ya estás en el camino correcto. Hay aspectos positivos en tu liderazgo, pero aún existen oportunidades para mejorar. Examina las preguntas donde obtuviste respuestas negativas y trabaja en fortalecer esas áreas específicas para impulsar aún más el rendimiento de tu equipo.

0-4 Sí: Si tu puntaje se encuentra en esta escala, puede haber áreas de mejora en tu liderazgo para alinearlo con las características de un equipo de alto desempeño. Considera enfocarte en fortalecer la comunicación, fomentar la confianza y explorar estrategias para inspirar a tu equipo hacia metas más ambiciosas.

José Manuel Vega Báez

Utiliza este diagnóstico como una herramienta para identificar áreas de mejora y fortalece tu liderazgo para alcanzar nuevas alturas con tu equipo.

SERIE CIMA
Smart Business
KNOWLEDGE

José Manuel Vega Báez

La Construcción de un

Equipo de Alto Desempeño

SERIE CIMA
Smart Business
KNOWLEDGE

José Manuel Vega Báez

¿Cómo seleccionar a los integrantes de un equipo de alto desempeño?

La creación de un equipo de alto desempeño comienza con la selección de sus integrantes. Este proceso es fundamental, ya que cada miembro contribuirá de manera significativa al éxito colectivo del equipo. A continuación, algunas pautas para elegir a los candidatos adecuados.

1. Antes de iniciar el proceso de selección, es crucial tener una comprensión clara de los roles que se necesitan en el equipo y las competencias específicas requeridas para cada uno. Define las habilidades técnicas, habilidades interpersonales y capacidades de liderazgo necesarias para el éxito del equipo. Por ejemplo, imagina una empresa de tecnología que está formando un equipo de desarrollo de software para un proyecto importante. Antes de comenzar el proceso de selección, el gerente del proyecto y el líder de recursos humanos se reúnen para definir claramente los roles necesarios, como desarrolladores front-end, back-end y un líder técnico. Identifican las competencias esenciales, como experiencia en desarrollo web, conocimientos en lenguajes de programación específicos y habilidades de trabajo en equipo.

2. Evalúa las habilidades técnicas y la experiencia relevante de los candidatos en relación con las demandas del puesto. Busca evidencia de

José Manuel Vega Báez

logros pasados y proyectos exitosos que demuestren su capacidad para cumplir con las responsabilidades del rol. Por ejemplo, en la misma empresa de tecnología anterior, durante el proceso de selección, el equipo de recursos humanos realiza pruebas técnicas a los candidatos para evaluar sus habilidades de programación, resolución de problemas y conocimientos específicos del proyecto. Se seleccionan candidatos que han demostrado experiencia y competencia en áreas relevantes, como la creación de aplicaciones web dinámicas y la resolución eficiente de errores de código.

3. Es fundamental que los miembros del equipo puedan trabajar de manera colaborativa y efectiva en un entorno grupal. Evalúa la capacidad de los candidatos para comunicarse, colaborar, resolver conflictos y contribuir al éxito colectivo. Por ejemplo, supongamos que una empresa de consultoría está reclutando para un equipo de consultoría estratégica. Durante las entrevistas, se observa cómo interactúan los candidatos en actividades de grupo simuladas. Aquellos que demuestran habilidades para colaborar, comunicarse de manera efectiva y resolver

problemas en equipo son considerados para el puesto.

4. Los equipos de alto desempeño enfrentarán desafíos y cambios constantes. Busca candidatos que demuestren adaptabilidad, resiliencia y una actitud positiva frente a la adversidad. La capacidad de aprender de los errores y seguir adelante es esencial para el crecimiento y la mejora continua del equipo. Por ejemplo, en una empresa de marketing digital, el equipo de contratación busca candidatos que hayan enfrentado desafíos en roles anteriores y hayan demostrado capacidad para adaptarse y aprender de ellos. Un candidato que relata cómo lideró su equipo a través de un cambio repentino en la estrategia de marketing y logró resultados positivos muestra resiliencia y adaptabilidad.

5. Considera la compatibilidad cultural de los candidatos con los valores y la misión de la organización. Los miembros del equipo deben estar comprometidos con los principios y objetivos de la empresa para garantizar una integración armoniosa y un rendimiento óptimo. Por ejemplo, en una compañía de alimentos que valora la sostenibilidad y la responsabilidad social, los candidatos son

evaluados no solo por sus habilidades técnicas, sino también por su compromiso con la ética empresarial y la sostenibilidad. Aquellos que muestran una pasión por la causa y comparten los valores de la empresa son preferidos durante el proceso de selección.

6. Realiza entrevistas estructuradas que permitan evaluar de manera consistente las habilidades, experiencias y competencias de los candidatos. Formula preguntas específicas relacionadas con el trabajo en equipo, la resolución de problemas y la adaptabilidad para obtener información relevante sobre su idoneidad para el puesto. Por ejemplo, en una firma legal, el equipo de selección utiliza un conjunto estandarizado de preguntas durante las entrevistas para evaluar las habilidades de los candidatos en áreas críticas como la investigación legal, la resolución de casos y la comunicación con los clientes. Las respuestas de los candidatos proporcionan una visión clara de su idoneidad para el puesto.

7. Verifica las referencias laborales y realiza evaluaciones psicométricas si es posible para obtener una comprensión más completa del ajuste del candidato con el equipo y la organización. Por

ejemplo, en una empresa de consultoría de gestión, se solicitan referencias laborales de los candidatos finales y se realizan evaluaciones psicométricas para comprender mejor su estilo de trabajo y su ajuste cultural. Esto ayuda a confirmar la idoneidad de los candidatos seleccionados y proporciona una visión más completa de su potencial para contribuir al equipo.

Al seguir estos pasos y criterios, estarás mejor equipado para seleccionar a los integrantes idóneos que contribuirán al desarrollo y éxito de un equipo de alto desempeño. Recuerda que cada miembro es una pieza importante en el rompecabezas, y la selección cuidadosa garantizará que el equipo esté preparado para alcanzar sus metas con eficacia y cohesión.

¿Cómo definir los objetivos de un equipo de alto desempeño?

La definición de objetivos claros y alcanzables es fundamental para el éxito de cualquier equipo, especialmente para uno de alto desempeño. Enseguida, algunos pasos clave para establecer objetivos efectivos.

1. Los objetivos deben ser claros y específicos. Deben responder a las preguntas: ¿Qué queremos lograr? ¿Cómo lo mediremos? Cuanto más definidos estén los objetivos, más fácil será para el equipo trabajar hacia ellos de manera enfocada y eficiente. Por ejemplo, piensa en una empresa de tecnología que está desarrollando un nuevo producto. El objetivo del equipo de desarrollo es claro y específico: "Desarrollar un software de gestión de proyectos que mejore la eficiencia del trabajo en equipo al reducir el tiempo dedicado a las tareas administrativas en un 30% para fines del próximo trimestre". Este objetivo define claramente qué se espera lograr y cómo se medirá el éxito.

2. Es crucial que los objetivos sean relevantes para la misión y visión general del equipo y de la organización. Además, deben ser alcanzables

dentro de un marco de tiempo razonable y con los recursos disponibles. Establecer metas realistas motiva al equipo y evita la desilusión por objetivos inalcanzables. Por ejemplo, en una compañía de servicios financieros, el equipo de ventas establece el objetivo de "Aumentar las ventas mensuales en un 15% para el próximo año fiscal". Este objetivo es relevante para la misión de la empresa y alcanzable dentro de un marco de tiempo realista, considerando el historial de ventas y las condiciones del mercado.

3. Aunque los objetivos deben ser alcanzables, también es importante que representen un desafío significativo para el equipo. Los objetivos desafiantes estimulan la motivación y el compromiso, impulsando al equipo a esforzarse por alcanzar su máximo potencial. Por ejemplo, supongamos que una empresa de consultoría establece el objetivo de "Ser reconocida como la firma líder en innovación dentro de la industria para el próximo año". Este objetivo representa un desafío significativo para el equipo, pero también genera motivación al aspirar a un estatus de excelencia en un área clave para el éxito empresarial.

4. Los objetivos no son estáticos; deben ser revisados y ajustados periódicamente según las necesidades y circunstancias cambiantes. Fomenta un proceso de revisión regular para evaluar el

José Manuel Vega Báez

progreso hacia los objetivos y hacer los ajustes necesarios en el camino. Por ejemplo, en una startup tecnológica, el equipo de desarrollo de software establece objetivos trimestrales para el lanzamiento de nuevas características. Durante las reuniones de revisión trimestrales, el equipo evalúa el progreso hacia estos objetivos y ajusta las prioridades según los comentarios del usuario y los cambios en el mercado.

5. Es fundamental comunicar los objetivos de manera clara y transparente a todo el equipo. Cada miembro debe comprender cómo sus contribuciones individuales se relacionan con los objetivos del equipo y cómo su trabajo conjunto los acerca a alcanzarlos. Por ejemplo, en una empresa de marketing, el equipo de marketing digital establece el objetivo de "Incrementar el tráfico orgánico del sitio web en un 20% para el próximo semestre". Este objetivo se comunica claramente a todos los miembros del equipo, junto con las estrategias específicas para lograrlo, como la optimización del contenido y la mejora del SEO.

6. Considera la posibilidad de establecer alianzas estratégicas con otros equipos u organizaciones que compartan objetivos similares. La colaboración puede ampliar los recursos disponibles y generar sinergias que impulsen el logro de los objetivos de manera más eficaz. Por ejemplo, en una empresa de logística, el equipo de

operaciones establece el objetivo de "Reducir los costos de transporte en un 10% para el próximo año". Para lograr este objetivo, el equipo forma una alianza estratégica con proveedores de logística que ofrecen tarifas competitivas y soluciones innovadoras para optimizar la cadena de suministro.

7. Reconoce y celebra los logros intermedios en el camino hacia la consecución de los objetivos finales. Esto no solo motiva al equipo, sino que también refuerza el sentido de logro y la cohesión grupal. Por ejemplo, en una agencia de publicidad, el equipo creativo establece el objetivo de "Lanzar una campaña publicitaria exitosa para un cliente importante dentro de los próximos tres meses". A medida que alcanzan hitos sobresalientes, como la aprobación del concepto creativo por parte del cliente, el equipo celebra estos logros intermedios para mantener la motivación y el impulso hacia el objetivo final.

Siguiendo estos principios, podrás definir objetivos que inspiren y guíen a tu equipo hacia el alto desempeño, fomentando un ambiente de colaboración, compromiso y logro conjunto.

¿Cumples con los aspectos más importantes para la construcción de un equipo de alto desempeño?

Verifica si estás atendiendo los puntos cruciales para construir un equipo de alto desempeño. Responde sinceramente marcando "Sí" o "No".

1. ¿Comunicas de manera clara y transparente los objetivos y expectativas del equipo? (Sí / No)

2. ¿Fomentas un ambiente de confianza y respeto mutuo entre los miembros del equipo? (Sí / No)

3. ¿Ofreces oportunidades de desarrollo y crecimiento profesional a los integrantes del equipo? (Sí / No)

4. ¿Promueves la colaboración y el trabajo en equipo, reconociendo y valorando las contribuciones individuales? (Sí / No)

5. ¿Estableces objetivos desafiantes pero alcanzables para el equipo, proporcionando claridad en cuanto a los resultados esperados? (Sí / No)

6. ¿Proporcionas retroalimentación constructiva y regular a los miembros del equipo para fomentar su crecimiento y mejora continua? (Sí / No)

7. ¿Fomentas la diversidad de ideas, experiencias y perspectivas dentro del equipo? (Sí / No)

8. ¿Estableces procesos claros y eficientes para la toma de decisiones y la resolución de conflictos dentro del equipo? (Sí / No)

9. ¿Cultivas un ambiente de celebración y reconocimiento de los logros individuales y colectivos del equipo? (Sí / No)

10. ¿Estás comprometido a liderar con el ejemplo, demostrando los valores y comportamientos que deseas ver en los demás? (Sí / No)

José Manuel Vega Báez

Resultados

8-10 Sí: ¡Felicidades! Tu equipo muestra signos claros de ser un equipo de alto desempeño. Has establecido una comunicación clara, fomentado la confianza y el respeto, y promovido un ambiente de colaboración y crecimiento. Continúa liderando con este enfoque para mantener y fortalecer el éxito de tu equipo.

5-7 Sí: Tu equipo tiene algunos aspectos positivos en su constitución como equipo de alto desempeño, pero también hay áreas de mejora. Puede ser útil revisar las áreas donde no obtuviste un "Sí" y considerar cómo puedes fortalecerlas para promover un rendimiento aún más alto en el equipo.

0-4 Sí: Es posible que tu equipo esté experimentando dificultades para convertirse en un equipo de alto desempeño. Identifica las áreas clave donde no obtuviste un "Sí" y trabaja en desarrollar estrategias para abordar estos desafíos. Con dedicación y esfuerzo, puedes guiar a tu equipo hacia un mayor éxito y desempeño.

Este cuestionario es una herramienta valiosa para evaluar el estado actual de tu equipo. Recuerda que la construcción de un equipo de alto desempeño es un viaje continuo que requiere compromiso, liderazgo y atención constante. Utiliza los resultados de este cuestionario como guía para identificar áreas de mejora y seguir fortaleciendo el camino hacia el éxito de tu equipo.

José Manuel Vega Báez

El Manejo de Expectativas en un Equipo de Alto Desempeño

José Manuel Vega Báez

¿Cómo manejar de manera adecuada las expectativas internas de un equipo de alto desempeño?

En la dinámica de un equipo de alto desempeño, es crucial el manejo de las expectativas; tanto internas, como externas. Las expectativas internas se forman dentro del equipo y están influenciadas en gran medida por el líder. A continuación, algunas estrategias para manejarlas de manera efectiva.

1. Establece objetivos claros y roles bien definidos para cada miembro del equipo. Cuando todos comprenden qué se espera de ellos y cómo su trabajo contribuye al éxito general del equipo, se reducen las confusiones y se establecen expectativas realistas. Por ejemplo, en una empresa de desarrollo de software, el líder del equipo establece claramente los objetivos del proyecto y define los roles de cada miembro. Todos comprenden qué se espera de ellos, desde los desarrolladores hasta los diseñadores, lo que minimiza las confusiones y asegura que cada uno contribuya de manera efectiva al producto final.

2. Fomenta un entorno donde los miembros del equipo se sientan cómodos compartiendo sus preocupaciones, ideas y sugerencias. La comunicación abierta ayuda a evitar malentendidos y permite abordar cualquier discrepancia en las expectativas de manera oportuna. Por ejemplo, en una agencia de marketing, el equipo se reúne regularmente para discutir el progreso de los

José Manuel Vega Báez

proyectos y cualquier problema que surja. Se fomenta un ambiente donde los empleados se sienten libres de expresar sus preocupaciones y sugerir ideas para mejorar, lo que contribuye a una comunicación más abierta y transparente.

3. Proporciona retroalimentación continua sobre el desempeño de los miembros del equipo. Reconoce los logros y brinda orientación sobre áreas de mejora de manera constructiva. Esto ayuda a alinear las expectativas internas con los estándares de rendimiento del equipo. Por ejemplo, en una firma de consultoría, el gerente del proyecto proporciona retroalimentación continua a su equipo sobre su desempeño en cada fase del proyecto. Reconoce los logros de manera específica y ofrece sugerencias para mejorar, lo que ayuda a mantener altas expectativas y promueve el crecimiento profesional de los miembros del equipo.

4. Fomenta un ambiente de confianza y colaboración donde los miembros del equipo se sientan seguros para expresar sus opiniones y trabajar juntos hacia metas comunes. La confianza mutua fortalece el compromiso y reduce la posibilidad de conflictos internos. Por ejemplo, en

una empresa de desarrollo de videojuegos, el equipo de diseño trabaja en estrecha colaboración con el equipo de desarrollo técnico. Se fomenta un ambiente de confianza donde los diseñadores pueden compartir sus ideas sin temor a críticas negativas, lo que promueve una mayor colaboración y creatividad en el proceso de desarrollo.

5. Reconoce que las expectativas internas pueden evolucionar a medida que cambian las circunstancias y los desafíos del equipo. Mantente abierto a ajustar las expectativas según sea necesario para adaptarte a nuevas situaciones y prioridades. Por ejemplo, en una start-up de tecnología, el equipo de ingenieros está constantemente adaptándose a nuevas tecnologías y requisitos del cliente. El líder del equipo reconoce la necesidad de ajustar las expectativas a medida que surgen nuevos desafíos, lo que permite al equipo mantenerse ágil y responder eficazmente a los cambios en el mercado.

6. Como líder, sé un modelo a seguir al demostrar consistentemente los valores y comportamientos que deseas ver en tu equipo. Tu ejemplo influirá en la forma en que los miembros

del equipo establecen y gestionan sus propias expectativas. Por ejemplo, en una empresa de servicios financieros, el CEO establece un claro estándar de integridad y ética en el trabajo. Los empleados ven cómo el liderazgo de la empresa sigue estos principios en su propio comportamiento, lo que inspira a los miembros del equipo a mantener altas expectativas para sí mismos y para sus colegas.

7. Reconoce y celebra los logros del equipo de manera regular. El reconocimiento público refuerza los comportamientos positivos y motiva a los miembros del equipo a mantener altas expectativas para ellos mismos y para el equipo en su conjunto. Por ejemplo, en una agencia de publicidad, el equipo de creativos celebra cada vez que una campaña que han desarrollado supera las expectativas del cliente. El reconocimiento público del trabajo bien hecho refuerza el compromiso del equipo con la excelencia y fomenta un ambiente positivo y motivador.

Al aplicar estas estrategias, puedes ayudar a manejar de manera efectiva las expectativas internas de tu equipo de alto desempeño, fomentando un ambiente de trabajo positivo y productivo donde todos puedan alcanzar su máximo potencial.

¿Cómo manejar de manera adecuada las expectativas externas de un equipo de alto desempeño?

Cuando se trata de liderar un equipo de alto desempeño, no solo debemos gestionar las expectativas internas dentro del equipo, sino también las expectativas externas que se generan fuera de él y sobre las cuales no tenemos control directo. Es crucial comprender que estas expectativas pueden provenir de diversas fuentes, como clientes, superiores, accionistas o incluso la sociedad en general. Aquí hay algunas estrategias para manejarlas de manera efectiva.

José Manuel Vega Báez

1. Mantén una comunicación abierta y transparente con todas las partes interesadas externas. Informa sobre los objetivos realistas del equipo, los plazos y los recursos disponibles, para evitar expectativas poco realistas. Por ejemplo, en una empresa de desarrollo de software, el equipo de liderazgo mantiene una comunicación transparente con los clientes sobre el progreso del proyecto. Esto incluye informar sobre cualquier problema o retraso, así como compartir actualizaciones regulares sobre el estado de desarrollo. Esta transparencia ayuda a establecer expectativas realistas y a construir una relación de confianza con los clientes.

2. Define claramente lo que tu equipo puede y no puede lograr. Asegúrate de establecer límites realistas y alcanzables para evitar prometer más de lo que se puede cumplir. Por ejemplo, en una agencia de marketing digital, el gerente de cuenta establece límites claros con los clientes en cuanto a las revisiones de los diseños: especifican claramente el número máximo de revisiones

permitidas en el contrato inicial. Esto ayuda a evitar cambios constantes en el alcance del proyecto y garantiza que el equipo pueda cumplir con los plazos establecidos.

3. Anticípate a posibles malentendidos o expectativas poco realistas mediante la comunicación proactiva. Si detectas que las expectativas externas están desalineadas con la realidad, aborda el problema de manera inmediata y constructiva. Por ejemplo, en una firma de consultoría, el líder del equipo se anticipa a posibles problemas al inicio de un proyecto y discute estas preocupaciones con el cliente de manera proactiva: si hay restricciones de tiempo o recursos que podrían afectar el resultado final, el líder del equipo aborda estos temas desde el principio para evitar malentendidos más adelante.

4. Educa a las partes interesadas externas sobre las capacidades y limitaciones reales del equipo. Asegúrate de que comprendan el proceso de trabajo del equipo y cómo sus acciones pueden afectar el rendimiento y los resultados. Por ejemplo, en una empresa de servicios financieros, el equipo de liderazgo organiza sesiones de capacitación regulares para los clientes sobre los

productos financieros disponibles y los riesgos asociados. Esta educación ayuda a los clientes a comprender mejor lo que pueden esperar de los servicios ofrecidos y les permite tomar decisiones informadas sobre sus finanzas.

5. Sé flexible en la gestión de las expectativas externas, especialmente cuando surjan cambios inesperados en el entorno o las circunstancias. Mantén una mentalidad abierta y dispuesta a ajustar las expectativas según sea necesario. Por ejemplo, en una agencia de diseño arquitectónico, el equipo de proyecto adopta una actitud flexible ante los cambios en el diseño propuestos por el cliente. Aunque tienen un plan inicial, están abiertos a realizar ajustes según las preferencias del cliente durante el proceso de diseño. Esta flexibilidad ayuda a satisfacer las expectativas cambiantes del cliente y a garantizar su satisfacción.

6. Construye relaciones sólidas y de confianza con las partes interesadas externas. La confianza mutua facilita la gestión de las expectativas, ya que las personas tienden a ser más comprensivas y receptivas cuando hay una base de confianza sólida. Por ejemplo, en una empresa de consultoría de recursos humanos, el líder del equipo cultiva

relaciones sólidas de confianza con los clientes a lo largo del tiempo. Esto se logra a través de un servicio excepcional, entregando resultados consistentes y siendo honesto y transparente en todas las interacciones. Esta relación de confianza ayuda a manejar las expectativas de manera efectiva, ya que los clientes confían en el juicio y la orientación del equipo.

7. Realiza evaluaciones periódicas de las expectativas externas y su impacto en el equipo. Si notas desalineaciones significativas o cambios en las expectativas, adapta tus estrategias y enfoques según sea necesario para garantizar que el equipo pueda seguir cumpliendo con sus objetivos de manera efectiva. Por ejemplo, en una empresa de desarrollo de productos tecnológicos, el equipo realiza reuniones periódicas de revisión con los clientes para evaluar el progreso del proyecto y ajustar las expectativas según sea necesario. Durante estas reuniones, se discuten los logros alcanzados, los desafíos encontrados y cualquier cambio en las prioridades del cliente, lo que permite al equipo ajustar su enfoque y planificar en consecuencia.

José Manuel Vega Báez

Al aplicar estas estrategias, podrás manejar de manera más efectiva las expectativas externas de tu equipo de alto desempeño, estableciendo así una base sólida para el éxito y la sostenibilidad a largo plazo.

¿Tu manera de manejar las expectativas es adecuada para un equipo de alto desempeño?

Responde "Sí" o "No" a las siguientes preguntas sobre tu manera de manejo de expectativas.

1. ¿Comunicas regularmente los objetivos y expectativas del equipo de manera clara y transparente? (Sí / No)

2. ¿Estableces límites claros y realistas para tus colaboradores, evitando sobrecargarlos con demasiadas tareas? (Sí / No)

3. ¿Procuras gestionar proactivamente las expectativas de los miembros del equipo, anticipándote a posibles problemas o malentendidos? (Sí / No)

4. ¿Te enfocas en educar y crear conciencia dentro del equipo sobre la importancia de gestionar adecuadamente las expectativas? (Sí / No)

5. ¿Eres flexible y estás dispuesto a adaptarte cuando las circunstancias cambian, manteniendo siempre informado al equipo? (Sí / No)

6. ¿Cultivas relaciones de confianza con los miembros del equipo, promoviendo un ambiente de apertura y honestidad? (Sí / No)

7. ¿Evalúas constantemente el estado de las expectativas dentro del equipo y estás dispuesto a ajustarlas según sea necesario? (Sí / No)

8. ¿Manejas de manera efectiva las expectativas externas, comunicando claramente lo que el equipo puede y no puede lograr? (Sí / No)

9. ¿Te aseguras de que los miembros del equipo entiendan las expectativas del cliente o de otras partes interesadas externas? (Sí / No)

10. ¿Buscas constantemente formas de mejorar el manejo de expectativas en tu equipo, aprendiendo de las experiencias pasadas y buscando retroalimentación? (Sí / No)

Resultados

8-10 Sí: ¡Felicidades! Es probable que tengas un sólido manejo de las expectativas tanto internas como externas en tu equipo de alto desempeño. Esto sugiere que estás comprometido con la transparencia, la comunicación efectiva y la adaptabilidad, lo que contribuye positivamente al clima y desempeño del equipo.

5-7 Sí: Es posible que tengas un manejo adecuado de las expectativas en tu equipo, pero aún hay margen para mejorar. Puedes considerar revisar áreas donde has respondido "No" y buscar oportunidades para fortalecer la comunicación y la gestión proactiva de las expectativas.

0-4 Sí: Es probable que enfrentes desafíos significativos en el manejo de las expectativas en tu equipo. Esto podría generar malentendidos, falta de confianza y problemas de rendimiento. Es importante identificar las áreas de mejora y trabajar en desarrollar habilidades de comunicación y liderazgo más efectivas.

Este cuestionario es una herramienta valiosa para evaluar tu enfoque actual en la gestión de expectativas dentro de tu equipo. Utiliza los resultados de este diagnóstico como un punto de partida para fortalecer tu liderazgo, fomentar la transparencia y promover una cultura de colaboración en tu equipo. Con dedicación y esfuerzo continuo, podrás alcanzar niveles aún mayores de desempeño y éxito en el futuro.

SERIE CIMA
Smart Business
KNOWLEDGE

José Manuel Vega Báez

La Comunicación en un Equipo de Alto Desempeño

SERIE CIMA
Smart Business
KNOWLEDGE

José Manuel Vega Báez

¿Cuáles son los tipos de comunicación efectiva para equipos de alto desempeño?

La comunicación efectiva es un pilar fundamental de cualquier equipo de alto desempeño. Aquí exploraremos los tipos de comunicación que son fundamentales para el éxito del equipo.

1. En un equipo de alto desempeño, la comunicación abierta y transparente es esencial. Esto implica compartir información de manera clara y honesta, fomentando un ambiente donde todos se sientan libres de expresar sus ideas, preocupaciones y opiniones sin temor a represalias. Por ejemplo, en una empresa de tecnología, el equipo de desarrollo de software mantiene reuniones semanales donde cada miembro comparte el progreso de sus tareas, los desafíos que enfrenta y cualquier idea para mejorar el proceso. Esta comunicación abierta permite resolver problemas rápidamente y fomenta la colaboración entre los miembros del equipo.

2. La comunicación asertiva es aquella que se expresa de manera clara, directa y respetuosa. En un equipo de alto desempeño, los líderes y miembros del equipo deben comunicarse de manera asertiva para expresar sus necesidades, establecer límites y resolver conflictos de manera constructiva. Por ejemplo, en una agencia de

marketing, el líder del equipo comunica de manera asertiva las expectativas de calidad y los plazos de entrega a los diseñadores gráficos. Al mismo tiempo, los diseñadores pueden comunicar de manera asertiva sus necesidades de recursos o tiempo para cumplir con las demandas del proyecto.

3. La comunicación no verbal, como el lenguaje corporal y las expresiones faciales, también juega un papel crucial en la dinámica del equipo. Los líderes deben estar atentos a las señales no verbales de los miembros del equipo y fomentar una comunicación que sea coherente tanto verbal como no verbalmente. Por ejemplo, durante una reunión estratégica en una empresa de consultoría, el líder del equipo observa el lenguaje corporal de los miembros para identificar posibles señales de incomodidad o desacuerdo. A través de gestos de apoyo y contacto visual, el líder fomenta un ambiente de confianza y apertura para que todos se sientan cómodos compartiendo sus ideas.

4. En la era digital, la comunicación escrita, a través de correos electrónicos, mensajes de texto y documentos compartidos, es una herramienta importante para la colaboración y el intercambio de

información en un equipo de alto desempeño. Es crucial que la comunicación escrita sea clara, concisa y precisa para evitar malentendidos y confusiones. Por ejemplo, en una empresa de desarrollo de software, los equipos utilizan herramientas de colaboración en línea para comunicarse de manera escrita y plataformas para intercambiar mensajes instantáneos, compartir documentos y mantener un registro claro de las discusiones y decisiones tomadas.

5. La retroalimentación efectiva es fundamental para el crecimiento y desarrollo del equipo. Esto implica proporcionar comentarios constructivos y específicos sobre el desempeño de los miembros del equipo, así como recibir retroalimentación de manera abierta y receptiva para mejorar continuamente. Por ejemplo, en una firma de consultoría, los líderes de proyecto brindan retroalimentación regular a sus equipos sobre su desempeño en proyectos recientes. Esta retroalimentación incluye tanto elogios por un trabajo bien hecho como sugerencias para mejorar en áreas específicas, lo que ayuda a los miembros del equipo a crecer y desarrollarse profesionalmente.

José Manuel Vega Báez

6. La comunicación de celebración es aquella que reconoce y celebra los logros y éxitos del equipo. Es importante que los líderes y miembros del equipo reconozcan públicamente los logros individuales y colectivos, fomentando un sentido de satisfacción y motivación en el equipo. Por ejemplo, en una empresa de ventas, el equipo celebra el logro de objetivos trimestrales con una reunión especial donde se reconocen públicamente los esfuerzos de los miembros del equipo. Además, se organizan actividades de equipo divertidas y se otorgan premios simbólicos para celebrar el éxito conjunto y fortalecer el sentido de pertenencia y motivación en el equipo.

7. Los miembros del equipo deben ser capaces de adaptar su estilo de comunicación según la situación y las necesidades del equipo. Esto implica ser capaz de comunicarse de manera efectiva tanto en reuniones formales como informales, y ajustar el tono y el enfoque según el contexto. Por ejemplo, en una empresa de marketing digital, el equipo de desarrollo de estrategias debe ser flexible en su comunicación para adaptarse a diferentes audiencias y situaciones: al presentar una propuesta a un

cliente, el líder del equipo puede utilizar un lenguaje más formal y técnico para abordar las preocupaciones específicas del cliente. Sin embargo, durante las reuniones internas del equipo, la comunicación puede ser más informal y colaborativa, fomentando la creatividad y el intercambio de ideas sin barreras formales.

Al comprender y emplear estos diferentes tipos de comunicación efectiva, los equipos de alto desempeño pueden fortalecer su cohesión, aumentar su productividad y alcanzar niveles excepcionales de rendimiento.

¿Cuáles son las estrategias recomendables para mejorar la comunicación en un equipo de alto desempeño?

Mejorar la comunicación en un equipo de alto desempeño es crucial para impulsar la colaboración, la eficiencia y el éxito general del equipo. Aquí presentamos algunas estrategias efectivas para fortalecer la comunicación en tu equipo.

1. Define claramente las expectativas en cuanto a la comunicación dentro del equipo. Establece normas sobre cómo y cuándo comunicarse, qué canales utilizar y qué información compartir. Esto ayuda a evitar malentendidos y fomenta una comunicación más efectiva. Por ejemplo, en una empresa de diseño gráfico, el equipo de liderazgo establece claramente las expectativas de comunicación al inicio de cada proyecto. Se enfatiza que todos los miembros del equipo deben mantenerse actualizados sobre el progreso del proyecto utilizando herramientas de gestión de proyectos y que cualquier problema debe comunicarse de inmediato para su pronta resolución.

2. Promueve un ambiente donde los miembros del equipo se sientan cómodos compartiendo sus ideas, preocupaciones y

opiniones de manera abierta y transparente. Esto ayuda a construir confianza y a resolver conflictos de manera proactiva. Por ejemplo, en una compañía de tecnología, el CEO organiza sesiones regulares de "preguntas y respuestas" donde los empleados tienen la oportunidad de plantear cualquier inquietud o idea directamente al liderazgo. Esta práctica fomenta un ambiente de transparencia y apertura, donde todos se sienten cómodos compartiendo sus pensamientos sin temor a represalias.

3. Enfatiza la importancia de escuchar activamente a los demás en el equipo. Fomenta que los miembros practiquen la escucha activa, prestando atención completa a lo que se está diciendo, haciendo preguntas clarificadoras y mostrando interés genuino en las contribuciones de los demás. Por ejemplo, en una agencia de publicidad, durante las reuniones de equipo, se asigna un moderador que se asegura de que todos tengan la oportunidad de expresar sus ideas y que se preste atención a cada contribución. Esta práctica promueve la escucha activa entre los miembros del equipo, permitiendo que todas las voces sean escuchadas.

4. Emplea herramientas de comunicación adecuadas para facilitar la colaboración y el intercambio de información en el equipo. Ya sea a través de correos electrónicos, reuniones en

José Manuel Vega Báez

persona, plataformas de mensajería instantánea o herramientas de gestión de proyectos, asegúrate de utilizar los canales que mejor se adapten a las necesidades de tu equipo. Por ejemplo, en una empresa de consultoría, el equipo de proyectos utiliza una combinación de correo electrónico para comunicaciones formales y mensajería instantánea para comunicaciones informales y rápidas. Esto garantiza que la información se comparta de manera eficiente y que los miembros del equipo puedan colaborar sin problemas, independientemente de la naturaleza de la comunicación.

5. Fomenta una cultura de retroalimentación constructiva, donde los miembros del equipo puedan dar y recibir feedback de manera regular y respetuosa. Esto ayuda a identificar áreas de mejora y a impulsar el crecimiento tanto a nivel individual como de equipo. Por ejemplo, en una start-up de tecnología, se implementa un sistema de retroalimentación 360º donde los empleados reciben comentarios de sus colegas y superiores regularmente. Se alienta a los empleados a proporcionar retroalimentación constructiva de manera respetuosa y específica, lo que fomenta un ambiente de mejora continua.

6. Programa reuniones regulares para discutir el progreso del equipo, compartir actualizaciones y alinear objetivos. Estas sesiones proporcionan una

oportunidad para la comunicación cara a cara, permitiendo a los miembros del equipo discutir ideas, resolver problemas y mantenerse al tanto de los desarrollos importantes. Por ejemplo, en una empresa de desarrollo de software, se llevan a cabo reuniones semanales de equipo donde se discuten los avances del proyecto, los desafíos encontrados y las soluciones propuestas. Estas reuniones proporcionan un espacio dedicado para la comunicación cara a cara, lo que facilita la alineación del equipo y la resolución rápida de problemas.

7. Valorar y fomentar la diversidad de opiniones en el equipo. Reconoce que diferentes perspectivas pueden enriquecer la toma de decisiones y la resolución de problemas, y anima a los miembros del equipo a expresar sus puntos de vista de manera respetuosa. Por ejemplo, en una firma de consultoría legal, se establece un comité de diversidad e inclusión que se encarga de fomentar la diversidad de opiniones en el equipo. Se organizan eventos y actividades que celebran las diferencias individuales y se anima a todos los empleados a contribuir con sus perspectivas únicas en las discusiones y decisiones del equipo.

José Manuel Vega Báez

Al implementar estas estrategias, podrás fortalecer la comunicación en tu equipo de alto desempeño, mejorando así su capacidad para colaborar de manera efectiva y alcanzar los objetivos establecidos.

¿Tu equipo se comunica como un equipo de alto desempeño?

Responde "Sí" o "No" a las siguientes preguntas para evaluar el estado actual de la comunicación en tu equipo.

1. ¿En tu equipo se establecen expectativas claras sobre cómo y cuándo comunicarse? (Sí / No)

2. ¿Se fomenta la apertura y la transparencia en las interacciones entre los miembros del equipo? (Sí / No)

3. ¿Practican los miembros del equipo la escucha activa durante las discusiones y reuniones? (Sí / No)

4. ¿Utilizan herramientas de comunicación adecuadas para facilitar la colaboración y el intercambio de información? (Sí / No)

5. ¿Se proporciona feedback constructivo de manera regular entre los miembros del equipo? (Sí / No)

6. ¿Se realizan reuniones periódicas para discutir el progreso del equipo y alinear objetivos? (Sí / No)

7. ¿Se promueve la diversidad de opiniones y se valora la contribución de todos los miembros del equipo? (Sí / No)

8. ¿Se siente cómodo cada miembro del equipo expresando sus ideas y preocupaciones? (Sí / No)

9. ¿Existe un ambiente de confianza y respeto mutuo dentro del equipo? (Sí / No)

10. ¿Los miembros del equipo se sienten escuchados y valorados por sus compañeros y líderes? (Sí / No)

Resultados

8-10 Sí: ¡Felicidades! Tu equipo demuestra una comunicación sólida y efectiva, características clave de un equipo de alto desempeño. Sigue fomentando esta cultura de comunicación para mantener el éxito.

5-7 Sí: Tu equipo muestra algunos aspectos de una comunicación efectiva, pero aún hay margen de mejora. Identifica las áreas de oportunidad y trabaja en ellas para fortalecer la comunicación en el equipo.

0-4 Sí: Es posible que la comunicación en tu equipo presente desafíos significativos que obstaculizan su desempeño. Es importante abordar estos problemas de comunicación de manera proactiva para mejorar la colaboración y el rendimiento general del equipo.

La comunicación efectiva es un pilar fundamental en la construcción y el mantenimiento de equipos de alto desempeño. Al evaluar el estado actual de la comunicación en tu equipo a través de este cuestionario, puedes identificar áreas de fortaleza y oportunidades de mejora. Recuerda que una comunicación clara, abierta y colaborativa es esencial para el éxito del equipo y para alcanzar los objetivos establecidos. Utiliza los resultados de este diagnóstico como una guía para implementar estrategias que fortalezcan aún más la comunicación en tu equipo, fomentando así un ambiente de trabajo productivo y cohesionado.

José Manuel Vega Báez

La Colaboración en un Equipo de Alto Desempeño

SERIE CIMA
Smart Business
KNOWLEDGE

José Manuel Vega Báez

¿Cuáles son los beneficios de una adecuada colaboración en un equipo de alto desempeño?

La colaboración efectiva es el alma de un equipo de alto desempeño, y sus beneficios son abundantes y transformadores. Cuando los miembros del equipo trabajan juntos de manera armoniosa y coordinada, se desbloquea un potencial ilimitado que impulsa el éxito colectivo. Algunos de los principales beneficios de una colaboración adecuada en un equipo de alto desempeño incluyen los siguientes.

1. La colaboración fomenta un ambiente donde se pueden compartir ideas libremente y construir sobre las contribuciones de los demás. Esto conduce a soluciones innovadoras y creativas que pueden marcar la diferencia en el éxito del equipo. Por ejemplo, en una agencia de diseño, un equipo multidisciplinario colabora en el desarrollo de una campaña publicitaria para un cliente. Al compartir ideas y perspectivas diversas, el equipo logra concebir un enfoque innovador que capta la atención del público de manera única.

2. Al trabajar juntos, los miembros del equipo pueden aprovechar la diversidad de opiniones y habilidades para tomar decisiones más informadas y fundamentadas. Esto reduce la posibilidad de sesgos y errores, y aumenta la calidad de las decisiones tomadas. Por ejemplo, en una empresa de tecnología, un equipo de desarrollo de productos se reúne para discutir la estrategia de lanzamiento de un nuevo software. Al aprovechar la experiencia de cada miembro y evaluar diferentes

José Manuel Vega Báez

opciones, el equipo toma una decisión informada que maximiza el valor para los clientes.

3. La colaboración eficaz permite a los miembros del equipo trabajar en sinergia, evitando duplicaciones de esfuerzos y optimizando los recursos disponibles. Esto conduce a una mayor eficiencia y productividad en la realización de tareas y proyectos. Por ejemplo, en un proyecto de construcción, un equipo de arquitectos, ingenieros y contratistas colabora estrechamente para cumplir con los plazos de entrega. La coordinación eficaz entre los miembros del equipo garantiza una ejecución sin problemas y un aumento significativo en la productividad.

4. Trabajar juntos en proyectos desafiantes fomenta un sentido de camaradería y compañerismo entre los miembros del equipo. Esto fortalece las relaciones interpersonales y promueve un ambiente de trabajo positivo y colaborativo. Por ejemplo, en una firma legal, un equipo de abogados trabaja en un caso importante. Juntos, a través de la colaboración en la investigación y la preparación de argumentos legales, los miembros del equipo desarrollan una relación sólida basada en la confianza y el respeto mutuo.

5. La colaboración facilita la capacidad del equipo para adaptarse a los cambios y superar los desafíos de manera efectiva. Cuando los miembros del equipo colaboran, se vuelven más flexibles y están mejor preparados para enfrentar situaciones difíciles con determinación y resolución. Por ejemplo, en una empresa de comercio electrónico, un equipo de desarrollo de software se enfrenta a un cambio de requisitos de última hora. Gracias a una cultura de colaboración, el equipo puede adaptarse rápidamente, reorganizar las prioridades y entregar una solución eficaz a tiempo.

6. La colaboración efectiva crea un entorno donde los miembros del equipo se sienten valorados y reconocidos por sus contribuciones. Esto aumenta la satisfacción laboral y la lealtad hacia el equipo y la organización en su conjunto, lo que a su vez reduce la rotación de personal y ayuda a retener el talento clave. Por ejemplo, en una startup tecnológica, un equipo de innovación trabaja en proyectos desafiantes que promueven la colaboración y el reconocimiento individual. Este ambiente de trabajo positivo y colaborativo ayuda a retener a los mejores talentos, que valoran la cultura de colaboración de la empresa.

José Manuel Vega Báez

7. Trabajar en un equipo donde la colaboración es fundamental brinda oportunidades para el aprendizaje y el crecimiento continuo. Los miembros del equipo tienen la posibilidad de adquirir nuevas habilidades, compartir conocimientos y recibir retroalimentación constructiva, lo que contribuye al desarrollo tanto profesional como personal de cada individuo. Por ejemplo, en una consultora de gestión, un equipo de consultores junior colabora estrechamente con consultores senior en la implementación de estrategias para clientes. A través de esta colaboración, los consultores junior tienen la oportunidad de aprender de la experiencia de sus colegas más experimentados, lo que contribuye a su desarrollo profesional y personal.

Una adecuada colaboración en un equipo de alto desempeño no solo impulsa el logro de objetivos y resultados sobresalientes, sino que también enriquece la experiencia individual de cada miembro del equipo, promoviendo un entorno de trabajo dinámico, innovador y gratificante.

¿Cuáles son las estrategias recomendables para mejorar la colaboración en un equipo de alto desempeño?

Como lo hemos mencionado, la colaboración efectiva es el alma de un equipo de alto desempeño, y mejorarla aún más es clave para alcanzar niveles excepcionales de rendimiento. Aquí hay algunas estrategias recomendables para fortalecer la colaboración dentro de tu equipo.

1. Define metas claras y específicas para el equipo, asegurándote de que todos los miembros comprendan su importancia y contribución a los objetivos generales. Esto ayuda a alinear los

José Manuel Vega Báez

esfuerzos individuales hacia un propósito común y fomenta la colaboración en la búsqueda de resultados. Por ejemplo, en una empresa de tecnología, un equipo de desarrollo de software establece el objetivo claro de lanzar una nueva aplicación móvil antes de una fecha específica. Todos los miembros del equipo comprenden la importancia de este objetivo y están comprometidos a trabajar juntos para lograrlo.

2. Promueve un ambiente donde los miembros del equipo se sientan cómodos compartiendo ideas, preocupaciones y retroalimentación de manera abierta y respetuosa. Utiliza herramientas de comunicación efectivas, como reuniones regulares, plataformas de colaboración en línea y canales de retroalimentación bidireccional. Por ejemplo, en una agencia de publicidad, el director de creatividad organiza reuniones semanales donde los equipos comparten ideas y discuten proyectos en curso de manera abierta y transparente. Se anima a todos los miembros del equipo a expresar sus opiniones y aportar sugerencias para mejorar los proyectos.

3. Diseña espacios físicos y virtuales que faciliten la interacción y el intercambio de ideas entre los miembros del equipo. Esto puede incluir salas de reuniones equipadas, plataformas digitales colaborativas y eventos sociales o actividades fuera del trabajo para fortalecer los lazos entre los colegas. Por ejemplo, en una empresa de consultoría, se establece un área de trabajo colaborativa con mesas compartidas y pizarras blancas donde los equipos pueden reunirse para brainstorming y colaborar en proyectos. Este espacio está diseñado para fomentar la interacción y el intercambio de ideas entre los miembros del equipo.

4. Valora y fomenta la diversidad de experiencias, perspectivas y habilidades dentro del equipo. Reconoce que la diversidad impulsa la innovación y el pensamiento creativo, y crea oportunidades para que todos los miembros contribuyan con sus fortalezas individuales al éxito del equipo. Por ejemplo, en una firma legal internacional, se implementa un programa de mentoría que empareja a abogados junior con colegas senior de diferentes antecedentes culturales y experiencias. Esto promueve la

José Manuel Vega Báez

diversidad y la inclusión dentro del equipo, y brinda oportunidades para aprender y crecer juntos.

5. Define claramente los roles y responsabilidades de cada miembro del equipo, asegurándote de que todos comprendan sus funciones y cómo contribuyen al objetivo común. Esto reduce la ambigüedad y la duplicación de esfuerzos, y promueve la colaboración efectiva en la consecución de metas. Por ejemplo, en una startup de desarrollo de productos, cada miembro del equipo tiene roles definidos y responsabilidades específicas en el diseño, desarrollo y comercialización de un nuevo producto. Esto evita la confusión y el solapamiento de tareas, permitiendo una colaboración más eficiente.

6. Ofrece oportunidades de capacitación y desarrollo centradas en el trabajo en equipo, la comunicación efectiva, la resolución de conflictos y otras habilidades relacionadas con la colaboración. Esto ayuda a fortalecer las habilidades necesarias para trabajar de manera efectiva y armoniosa dentro del equipo. Por ejemplo, en una empresa de servicios financieros, se ofrece un curso de capacitación en habilidades blandas que incluye módulos sobre trabajo en equipo, comunicación

efectiva y resolución de conflictos. Esto ayuda a los empleados a desarrollar habilidades clave para colaborar de manera más efectiva dentro del equipo.

7. Reconoce y celebra los logros alcanzados en equipo, destacando la contribución de cada miembro y el impacto positivo de la colaboración en los resultados obtenidos. Esto refuerza la importancia de trabajar juntos hacia un objetivo común y motiva a los miembros del equipo a seguir colaborando de manera efectiva. Por ejemplo, en una compañía de desarrollo de software, se organiza una ceremonia trimestral de premios donde se reconocen los logros sobresalientes de los equipos en proyectos específicos. Esto motiva a los miembros del equipo a seguir colaborando y trabajando juntos hacia el éxito común.

Implementar estas estrategias ayuda a fortalecer la colaboración en tu equipo de alto desempeño,

José Manuel Vega Báez

promoviendo un ambiente de trabajo dinámico y altamente productivo.

¿La colaboración en tu equipo corresponde a la de un equipo de alto desempeño?

Responde "Sí" o "No" a las siguientes preguntas para evaluar el estado actual de la colaboración en tu equipo.

1. ¿Todos los miembros de tu equipo participan activamente en las reuniones y aportan ideas para la mejora de los proyectos? (Sí / No)

2. ¿Existe una cultura de confianza y respeto mutuo entre los miembros de tu equipo, donde se valoran las opiniones de todos por igual? (Sí / No)

3. ¿Los objetivos del equipo están claramente definidos y todos los miembros comprenden su rol en la consecución de dichos objetivos? (Sí / No)

4. ¿Se promueve la diversidad de perspectivas y habilidades dentro del equipo, aprovechando los diferentes puntos de vista para enriquecer las soluciones propuestas? (Sí / No)

5. ¿Se asignan tareas y responsabilidades de manera equitativa, asegurando que cada miembro tenga la oportunidad de contribuir al éxito del equipo? (Sí / No)

6. ¿Se fomenta la comunicación abierta y transparente, donde los miembros se sienten libres de expresar sus ideas y preocupaciones sin temor a represalias? (Sí / No)

7. ¿Existen espacios físicos o virtuales diseñados específicamente para la colaboración y el intercambio de ideas entre los miembros del equipo? (Sí / No)

José Manuel Vega Báez

8. ¿Se brindan oportunidades de desarrollo profesional y capacitación en habilidades de colaboración para los miembros del equipo? (Sí / No)

9. ¿Se reconocen y celebran los logros del equipo de manera regular, destacando la contribución de cada miembro al éxito colectivo? (Sí / No)

10. ¿El equipo demuestra una resiliencia ante los desafíos y adversidades, enfrentándolos juntos y buscando soluciones de manera colaborativa? (Sí / No)

Resultados

8-10 Sí: ¡Felicidades! Tu equipo muestra señales fuertes de una colaboración sólida y efectiva. Existe una clara comunicación, confianza mutua, objetivos compartidos y una cultura de reconocimiento. Continúa fomentando este ambiente colaborativo y sigue reconociendo los logros del equipo.

5-7 Sí: Tu equipo está en camino hacia una colaboración más efectiva, pero aún hay espacio para mejoras. Es posible que existan áreas donde la comunicación o la distribución de responsabilidades podrían fortalecerse. Considera identificar y abordar estos puntos débiles para mejorar la colaboración y llevar al equipo al siguiente nivel.

0-4 Sí: Es probable que tu equipo esté experimentando desafíos significativos en términos de colaboración. Puede haber problemas de comunicación, falta de claridad en los roles o una falta de confianza entre los miembros. Es importante identificar estas áreas de mejora y tomar medidas concretas para fortalecer la colaboración dentro del equipo.

La evaluación de la colaboración en tu equipo proporciona una visión valiosa sobre su funcionamiento y potencial de mejora. Este ejercicio te brinda la oportunidad de reflexionar sobre la dinámica de trabajo de tu equipo y tomar medidas para fortalecer su colaboración. Utiliza los resultados de esta evaluación como un punto de partida para impulsar el crecimiento y el éxito de tu equipo en el futuro.

SERIE CIMA
Smart Business
KNOWLEDGE

José Manuel Vega Báez

La Resolución de Conflictos en un Equipo de Alto Desempeño

SERIE CIMA
Smart Business
KNOWLEDGE

José Manuel Vega Báez

¿Cuáles son los tipos de conflictos más frecuentes en un equipo de alto desempeño?

En cualquier equipo, incluso en aquellos de alto desempeño, es natural que surjan conflictos debido a las diferencias en perspectivas, personalidades y objetivos individuales. Reconocer y comprender los diferentes tipos de conflictos es esencial para abordarlos de manera efectiva. Los conflictos más frecuentes en un equipo de alto desempeño suelen incluir los siguientes.

1. Las diferencias de personalidad, estilos de trabajo y valores personales entre los miembros del equipo pueden manifestarse como tensiones o roces interpersonales que afectan la colaboración y la cohesión del equipo. Por ejemplo, en un equipo de marketing, dos miembros tienen estilos de trabajo muy diferentes. Uno prefiere un enfoque más estructurado y metódico, mientras que el otro es más espontáneo y creativo. Estas diferencias de personalidad a menudo conducen a desacuerdos sobre la mejor manera de abordar proyectos, lo que puede generar tensiones en el equipo.

2. Cuando los miembros del equipo tienen metas individuales que entran en conflicto con los objetivos del equipo o de otros miembros, pueden surgir conflictos por prioridades. Por ejemplo, en un equipo de desarrollo de productos, un miembro está enfocado en lanzar el producto lo más rápido posible para capturar una cuota de mercado, mientras que otro miembro está más preocupado

José Manuel Vega Báez

por asegurarse de que el producto sea completamente pulido y sin errores. Estas metas contrapuestas pueden generar conflictos sobre cómo priorizar el tiempo y los recursos del equipo.

3. Las diferencias en opiniones sobre cómo abordar problemas o tomar decisiones pueden dar lugar a conflictos. Estos pueden surgir durante el proceso de toma de decisiones o como resultado de decisiones ya tomadas que algunos miembros del equipo pueden cuestionar o no apoyar. Por ejemplo, en una empresa de consultoría, el equipo está dividido sobre la estrategia a seguir para abordar un desafío específico del cliente. Algunos miembros prefieren un enfoque más conservador y basado en datos, mientras que otros están más inclinados hacia una solución más arriesgada e innovadora. Estas diferencias de opinión pueden generar conflictos sobre el camino a seguir.

4. Cuando los roles y responsabilidades de los miembros del equipo no están claros o se superponen, generan confusión, resentimiento y falta de colaboración. Por ejemplo, en un equipo de ventas, dos miembros están constantemente chocando porque ambos creen que son responsables de liderar la relación con un cliente

importante. La falta de claridad sobre quién debe desempeñar qué papel puede provocar fricciones y obstaculizar la colaboración efectiva en el equipo.

5. La comunicación ineficaz o la falta de comunicación pueden llevar a malentendidos, rumores y conflictos en un equipo de alto desempeño. La falta de información o la comunicación poco clara pueden generar desconfianza y tensiones entre los miembros del equipo. Por ejemplo, en un equipo de desarrollo de software, un miembro del equipo no comparte información importante sobre un cambio en los requisitos del cliente, lo que lleva a una implementación incorrecta y a retrasos en el proyecto. La falta de comunicación clara y abierta puede causar malentendidos y conflictos en el equipo.

6. Cuando los recursos como el tiempo, el presupuesto o el personal son escasos, pueden surgir conflictos entre los miembros del equipo que compiten por acceder a estos recursos para sus propios proyectos o tareas. Por ejemplo, en un equipo de investigación y desarrollo, varios miembros compiten por acceder a un recurso limitado de tiempo en el laboratorio para llevar a

José Manuel Vega Báez

cabo experimentos importantes para sus respectivos proyectos. La escasez de recursos disponibles puede generar conflictos sobre quién tiene prioridad y cuánto tiempo se asigna a cada proyecto.

7. Las diferencias en los estilos de liderazgo entre los miembros del equipo o entre el líder y los subordinados pueden provocar conflictos. Estas diferencias en los estilos de liderazgo pueden generar tensiones y desacuerdos sobre la dirección y la toma de decisiones en el equipo. Por ejemplo, en un equipo de ventas, el gerente tiene un enfoque muy directivo y dictatorial, mientras que los miembros del equipo prefieren un liderazgo más colaborativo y participativo. Estas diferencias en los estilos de liderazgo pueden generar conflictos sobre cómo se toman las decisiones y cómo se dirige el equipo hacia sus objetivos.

Es fundamental reconocer que los conflictos no siempre son negativos y pueden ser oportunidades para el crecimiento y la mejora del equipo. Sin embargo, es importante abordarlos de manera constructiva y resolverlos de manera colaborativa para mantener la armonía y el alto desempeño del equipo.

¿Cuáles son las principales estrategias para resolver conflictos en un equipo de alto desempeño?

Resolver conflictos de manera efectiva es esencial para mantener la armonía y el rendimiento en un equipo de alto desempeño. Aquí están algunas estrategias clave que los líderes pueden emplear para abordar los conflictos de manera constructiva.

1. Fomentar un entorno donde los miembros del equipo se sientan seguros para expresar sus preocupaciones y puntos de vista es fundamental. Promover una comunicación abierta y transparente

José Manuel Vega Báez

ayuda a identificar los problemas antes de que escalen y facilita la resolución de conflictos de manera proactiva. Por ejemplo, en una empresa de tecnología, durante las reuniones semanales de equipo, se asigna tiempo específico para que cada miembro comparta cualquier preocupación o desafío que esté enfrentando. Esta práctica fomenta una cultura de comunicación abierta donde los problemas se abordan de manera proactiva, evitando que los conflictos se agraven.

2. Los líderes deben practicar la escucha activa para comprender completamente las preocupaciones y perspectivas de todas las partes involucradas en el conflicto. Esto implica prestar atención sin interrumpir, validar los sentimientos de los demás y buscar clarificaciones cuando sea necesario. Por ejemplo, durante una discusión acalorada en un equipo de marketing, el líder toma el tiempo para escuchar atentamente las preocupaciones de cada miembro sin interrumpir. Utiliza el lenguaje corporal y las expresiones faciales para demostrar su atención y comprensión, lo que ayuda a calmar los ánimos y a abrir el camino para una resolución constructiva.

3. Mostrar empatía hacia las preocupaciones y emociones de los miembros del equipo puede ayudar a reducir la tensión y crear un sentido de conexión. Reconocer y validar los sentimientos de los demás demuestra una comprensión genuina y puede facilitar la resolución del conflicto. Por ejemplo, en una empresa de recursos humanos, cuando surge un conflicto entre dos colegas sobre la distribución de responsabilidades, el gerente demuestra empatía al reconocer los puntos de vista y preocupaciones de ambos empleados. Esta actitud empática ayuda a los empleados a sentirse valorados y comprendidos, allanando el camino para encontrar una solución mutuamente satisfactoria.

4. En lugar de centrarse en posiciones rígidas, los líderes deben ayudar a las partes en conflicto a identificar y enfocarse en sus intereses subyacentes compartidos. Al encontrar puntos en común, se pueden buscar soluciones que satisfagan las necesidades de ambas partes de manera equitativa. Por ejemplo, en un equipo de desarrollo de productos, dos empleados tienen opiniones divergentes sobre el diseño de una nueva característica. El líder del equipo los reúne para

discutir sus intereses subyacentes, descubriendo que ambos comparten el objetivo común de mejorar la usabilidad del producto. Al centrarse en este interés compartido, pueden llegar a un compromiso que beneficie a ambos.

5. Fomentar un enfoque de negociación colaborativa donde las partes trabajen juntas para encontrar soluciones mutuamente beneficiosas puede ser efectivo. Esto implica explorar diferentes opciones, evaluar las consecuencias y llegar a acuerdos que satisfagan las necesidades de todos los involucrados. Por ejemplo, en una agencia de publicidad, dos equipos tienen diferencias sobre la asignación de recursos para un proyecto importante. Los líderes de ambos equipos se reúnen para negociar de manera colaborativa, explorando diversas opciones y comprometiéndose en un plan que distribuya equitativamente los recursos disponibles y maximice el éxito del proyecto.

6. En casos de conflictos más complejos o arraigados, puede ser útil involucrar a un mediador externo imparcial para facilitar la comunicación y la resolución del conflicto. Un mediador puede ayudar a mantener el enfoque en los problemas en lugar

de en las personas y facilitar la búsqueda de soluciones constructivas. Por ejemplo, en una empresa de consultoría, dos miembros del equipo tienen dificultades para resolver un conflicto relacionado con un proyecto importante. El líder del equipo trae a un mediador externo, un consultor de resolución de conflictos, quien facilita la comunicación entre las partes y ayuda a encontrar un terreno común para llegar a una solución mutuamente beneficiosa.

7. Después de resolver un conflicto, es importante reflexionar sobre lo ocurrido y extraer lecciones útiles para el futuro. Fomentar una cultura de aprendizaje y mejora continua puede ayudar al equipo a desarrollar habilidades de resolución de conflictos y a fortalecer su cohesión a largo plazo. Por ejemplo, después de resolver un conflicto sobre la asignación de roles en un equipo de ventas, el gerente lleva a cabo una sesión de retroalimentación para analizar lo sucedido y extraer lecciones útiles. Identifican áreas de mejora en la comunicación y la colaboración, estableciendo nuevos protocolos para abordar conflictos de manera más efectiva en el futuro.

José Manuel Vega Báez

Al emplear estas estrategias de manera efectiva, los líderes pueden promover un ambiente de trabajo positivo y colaborativo donde los conflictos se aborden de manera constructiva, permitiendo al equipo mantener su enfoque en la excelencia y el alto desempeño.

¿Tu manera de resolver conflictos es adecuada para un equipo de alto desempeño?

Responde "Sí" o "No" a las siguientes preguntas sobre tu manera de resolver conflictos.

1. ¿Fomento un ambiente donde los miembros del equipo se sientan seguros para expresar sus

preocupaciones y puntos de vista durante los conflictos? (Sí / No)

2. ¿Escucho activamente a todas las partes involucradas en un conflicto, mostrando empatía y comprensión hacia sus perspectivas? (Sí / No)

3. ¿Busco soluciones que satisfagan los intereses comunes de todas las partes en conflicto, en lugar de favorecer una sola perspectiva? (Sí / No)

4. ¿Promuevo la negociación colaborativa y el compromiso mutuo para resolver conflictos en el equipo? (Sí / No)

5. ¿Reconozco la importancia de la mediación externa cuando los conflictos internos del equipo no pueden resolverse internamente? (Sí / No)

6. ¿Aprendo de los conflictos pasados y utilizo esas lecciones para mejorar la forma en que manejo futuros conflictos en el equipo? (Sí / No)

7. ¿Evito tomar decisiones precipitadas durante los conflictos, tomando el tiempo necesario para

José Manuel Vega Báez

comprender completamente la situación y considerar todas las opciones disponibles? (Sí / No)

8. ¿Comunico claramente las expectativas y normas de comportamiento durante los conflictos para garantizar un proceso justo y transparente? (Sí / No)

9. ¿Busco resolver los conflictos de manera constructiva, con el objetivo de fortalecer las relaciones y mejorar la eficacia del equipo a largo plazo? (Sí / No)

10. ¿Soy consciente de mi propio sesgo personal durante los conflictos y hago un esfuerzo consciente para mantener la imparcialidad y la objetividad en mis decisiones? (Sí / No)

Resultados

8-10 Sí: ¡Felicidades! Es probable que tengas sólidas habilidades para resolver conflictos en tu equipo de alto desempeño. Esto sugiere que estás promoviendo un ambiente de apertura, empatía y colaboración, y estás utilizando estrategias efectivas para abordar los desafíos de manera constructiva y equitativa.

5-7 Sí: Es posible que tengas un enfoque moderado para resolver conflictos en tu equipo. Es probable que tengas algunas habilidades y prácticas efectivas, pero puede haber áreas donde puedas mejorar. Considera identificar y trabajar en esas áreas para fortalecer aún más la capacidad de tu equipo para manejar conflictos de manera eficaz.

0-4 Sí: Es posible que enfrentes desafíos significativos en la resolución de conflictos en tu equipo de alto desempeño. Puede que exista una falta de comunicación abierta, empatía o habilidades para negociar y comprometerse. Es importante identificar las áreas de mejora y desarrollar estrategias para abordar estos problemas con el fin de promover un ambiente de trabajo más armonioso y productivo.

José Manuel Vega Báez

En la búsqueda constante de la excelencia en el liderazgo de equipos de alto desempeño, es crucial evaluar nuestra capacidad para manejar los conflictos de manera efectiva. Ya sea que hayas obtenido una puntuación alta, moderada o baja en este cuestionario, recuerda que siempre hay espacio para el crecimiento y la mejora. Utiliza este diagnóstico como una herramienta para identificar áreas de fortaleza y oportunidades de desarrollo. Comprométete a cultivar un ambiente donde la resolución de conflictos sea un proceso constructivo y enriquecedor para todos los miembros del equipo, contribuyendo así al éxito colectivo y al crecimiento continuo.

SERIE CIMA
Smart Business
KNOWLEDGE

José Manuel Vega Báez

Sobre el Autor

El doctor José Manuel Vega Báez, reconocido internacionalmente por su experiencia y conocimientos en liderazgo, gestión y emprendimiento, es un prolífico escritor originario de la Ciudad de México que, con más de 30 libros publicados, muchos de ellos bestsellers, está considerado como el autor de liderazgo más prominente del mundo hispanohablante, impactando a miles de lectores en los cinco continentes.

De su extensa obra escrita destaca Rumbo a la Cima (México 2002), libro reeditado en su décimo aniversario por Grupo Nelson (EEUU 2013), que fue seleccionado como el bestseller de liderazgo más representativo de México por la Amsterdam University of Applied Sciences en su publicación "Delineating Leadership: cross-cultural empirical analyses of localised leadership practices" (Países Bajos 2021).

José Manuel Vega Báez

Como conferencista y facilitador de Speakers México y de la Red Mundial de Conferencistas, ha compartido su mensaje lleno de saber, de ánimo y de acción, en cientos de eventos y decenas de países. Sus ideas también se publican como artículos en diversos medios digitales multinacionales, entre los que destacan: Alto Nivel, El Financiero Bloomberg y Entrepreneur.

Es catedrático de prestigiosas universidades a nivel licenciatura, maestría y doctorado, en temas de liderazgo, gestión y emprendimiento. Su formación académica incluye dos doctorados: Administración de Negocios y candidato en Procesos Sociales, tres maestrías: Ingeniería Empresarial, Pensamiento de Sistemas y Dirección de Empresas, una licenciatura y varios diplomados.

Su amplia trayectoria empresarial y su exitosa experiencia directiva en la iniciativa privada, el sector público, agrupaciones deportivas e instituciones educativas, lo respaldan en su quehacer profesional como consejero, consultor y socio fundador de SERIE CIMA, firma especializada en liderazgo, cuya misión es desarrollar mejores líderes para edificar un mejor mundo.

Su acervo completo incluye los siguientes títulos:

1. Modelo de Estudio Curricular Post-Maestría en el Área de Sistemas (1991)
2. Introducción al Estudio del Pensamiento Transdisciplinario (1992)
3. Creatividad e Innovación en la Administración (1993)
4. Un Rostro Incompleto (1994)
5. Diseño del Sistema de Información de una Empresa (1995)
6. Secretos de Empresa (1995)
7. Modelación Estructural de Sistemas (1996)
8. Primera Guía de Acciones Emprendedoras (1998)
9. Rumbo a la Cima −novela para el nuevo líder (2002)
10. ¿Ya Encontraste tu Queso? −un cuento para nuevos líderes (2005)
11. Un Líder para México 2006 (2006)
12. Propuesta para la Valoración del Nivel de Liderazgo en Funcionarios Públicos de Alto Perfil (2007)
13. La Biblia de la Motivación −obra en coautoría (2008)
14. Liderazgo en Tiempos de Crisis (2009)

José Manuel Vega Báez

15. Lecciones de Liderazgo de los Directores Técnicos del Mundial (2010)
16. Adriana –un relato de liderazgo juvenil (2011)
17. 250 Cápsulas de Liderazgo (2012)
18. Liderazgo en la Cumbre –obra en coautoría (2012)
19. Liderazgo: diez años de aportaciones (2012)
20. Rumbo a la Cima 10 –sé un líder de alto desempeño (2013)
21. Mi Líder Favorito (2014)
22. Mucho Éxito en tu Negocio Propio: los cimientos del liderazgo emprendedor (2015)
23. 500 Cápsulas de Liderazgo (2016)
24. Ahí Viene un Tiburón –cómo ser un buen líder ante la adversidad (2017)
25. Liderazgo Mundialista 2018 –lecciones de aciertos y errores de los mejores entrenadores (2018)
26. Liderazgo Sobresaliente –cómo lograr resultados superiores y sostenibles (2018)
27. 15 Poderosas Lecciones de Liderazgo (2019)
28. 777 Frases de Liderazgo (2019)
29. Jesús Líder (2020)
30. 21 Reglas de Liderazgo para Superar las Crisis (2020)

31. Panis Dux –panis [pan] dux [líder] (2021)
32. La Cima del Liderazgo (2021)
33. Evolución de los Modelos de Liderazgo Empresarial (2023)
34. Liderazgo Prospectivo 2024 (2023)
35. **Liderazgo de Equipos de Alto Desempeño (2024)**

José Manuel Vega Báez
@jmvegabaez en redes sociales

www.ingramcontent.com/pod-product-compliance
Lightning Source LLC
Chambersburg PA
CBHW070920290526
45795CB00001B/373